JN112489

スキー
上達セルフレッスン
動画で練習法とコツをマスター

藤本剛士　監修

メイツ出版

※本書は2016年発行の『DVDで完全マスター！
スキー　上達セルフレッスン』の動画コン
テンツの視聴方法と書名を変更して新たに
発行したものです。

基本姿勢を軸に、上達のヒントをつかもう！

　この本を監修するにあたって一番大事にしたのは基本姿勢です。この基本姿勢を重要視したポジションのとり方や、バランスがとても重要だからです。

　私自身、子供の頃や学生の頃は気にもしていませんでした。しかしスキーを指導する立場になってから様々な年齢のスキーヤーを指導し、改めて基本姿勢の大事さに気付かされました。たとえ身体能力や筋力に恵まれていても基本姿勢が崩れているとなかなか上達しないものです。

　このような基本姿勢を軸にして、体の動かし方や運動要領等を含めた様々な練習方法を紹介しています。皆さんのスキー技術向上のためのヒントの一つにしてみて下さい。

藤本剛士

3

CONTENTS スキー　上達セルフレッスン
動画で練習法とコツをマスター

QR動画の観方

本書の内容の一部は、動画にて滑りのポイントを見ることができます。
該当するページにあるQRコードをスマホやタブレットのカメラやバーコードリーダー機能で読み取り、動画を再生してください。

動画をチェック！

QRコードを読み取る

1 カメラを起動
スマホやタブレットのカメラやバーコードリーダーを起動します

2 QRを読み取るモード
「読み取りカメラ」など、QRコードを読み取れるモードにします。機種によっては、自動で読み取ることもできます

3 画面にQRコードを表示
画面にQRコードを表示させ、画面内におさめます。機種によっては時間のかかるものもあります

4 表示されるURLをタップ
表示されたURLをタップするとYouTubeに移動します。動画を再生してご覧ください

コツ 11 Part2 ロングターン
両足で雪面を押す

両足でバランスを取り、外スキーを大きくたわませる

両足で荷重していくことで、両方のスキーにたわみができる

POINT 1
重心の移動と同時に行う
動きが洗練されると、重心をターン内側に移動しながら、両足へ荷重をしていく。重心の移動が伴わないと、両足同時に荷重することが難しいため、慣れないうちは外足、内足の順に動かしてもよい

内足でもスキーを押す

ターンの質を上げる場合には、外スキーだけでなく、内スキーも押していくことが大切だ。しかしあくまでも中心となるのは外足。外足に多く荷重してバランスを取り、内足にも適度に荷重して、適度なたわみを作る。

外足と比べると、内足で荷重をする感覚は小さいだろう。これは小指側には力を入れにくいという、骨格上変えられないものだ。そのため内足については、「荷重」という意識を持つよりも、適度に力を入れて体を支えている程度でもよいだろう。

36

Part 1

上達にかかせない 基本技術

基本姿勢やターンの構成要素など、
再確認しておきたい項目をまとめている。
よりハイレベルな技術を習得する前に、しっかりと確認しておこう。

レベルアップに必要な、
滑りの基本をしっかり身につけよう！

動画をチェック！

このPartで目指す滑り

ロングターン

しっかりとスピードをコントロールするなかで、
基本となる動きを使っていこう

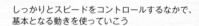

上達の土台を作る

このパートで目指す滑りは、基本的な運動要素を踏まえたズレのパラレルターンやショートターンになる。

基本的な運動要素とは、運動のベースになるポジションの作り方や目線と胸の動き、ターンに必要な荷重や角付け、回旋の動きなどだ。これらの要素を一度見直し、よりよい動きに進化させることで、滑り自体の土台が変わってくる。

また補助的な動作だが重要となる、ストックの動かし方やそれに伴う呼吸法についても紹介していく。

ショートターン

リズミカルな滑りのなかで、
スムーズに体を動かしたい

動画をチェック！

3つの動きを組み合わせるとターンがはじまる

回旋

荷重

角付け

ターンはこの3つの要素の
組み合わせではじまる

荷重、角付け、回旋がポイント

ターンをするために必要な要素は、荷重（加圧）・角付け・回旋の3つになる。

荷重とはスキーに重さを乗せたり加えたりする動きで、バランスを取ったり、スキーをたわませるために必要だ。

角付けはスキーを傾けたり体から離すこ

とで、エッジを立てる動きとなる。

回旋はスキーを回す動きだ。主にスキーの向きを変えたい場面で用いる。

なお実際のターンでは、これらの動きを組み合わせて使うことになる。

やり方
シュテムターンやパラレルターンで、ターンの3要素を確認する

斜面
緩～中斜面

時間
各2本程度

得られる効果
ターンに必要な3つの動きを意識することで、より自由にターン弧やスピードを調節できるようになる。

POINT 2

過度な動きは失敗のもと

これは体を傾け過ぎて、角付けが強くなりすぎた例。適度なスピードで滑る場合には、左右どちらかの足が雪面から離れてしまうとバランスを崩し過ぎたと思ってよい。

NG

セルフ CHECK!

❶3つの要素をイメージして滑る
❷単独ではなく組み合わせて使う
❸過度な動きは失敗の原因になる

ここに注目

□3つの要素の組み合わせ方
□滑らかに動くターン技術
□ターンの場所で重視する要素が変わる

02 荷重と角付けはワンセット

動画をチェック！

角付けばかりに意識を持たず 荷重することを忘れずに！

POINT 1

下半身から動かす

角付けで腰から上の動きが大きく
なると、荷重がおろそかになりや
すい。どのような場合でも、まず
は下半身を使って角付けすること
を覚えたい。

どちらかが過度になるとバランスが崩れすぎる

体を目いっぱい傾けたターンで多く見ら
れるのが、角付けだけを重視し過ぎて、バ
ランスが取れていないこと。**角付けと荷重
はワンセット**が基本であり、どちらかの動
きが大きすぎるとバランスが保てない。

また荷重と角付けが同時に行われること
で、スピードをコントロールしたり、思い
通りのターンが描ける。ところがどちらか
の動きが突出してしまうと、スピードを十
分にコントロールできなかったり、予想と
違うターン弧になってしまう。

やり方

シュテムターンで外足を開き出す。開き出す幅はやりやすい量でOK。適度にズラして滑ると理想的。

斜面
緩斜面

時間
左右3ターンずつ

得られる効果
荷重、角付け、回旋の感覚をつかむ

やり方

シュテムターンで開き出した外足が雪についた瞬間にターンがはじまるようにする。そのためには、十分に荷重をすることが大切。

斜面
緩斜面

時間
リフト1〜2本

得られる効果
適度な荷重と角付けができたときの感覚がつかめる。この2つが同時に行われることがわかる。

セルフ CHECK!

セルフ CHECK!

① シュテムターンで足を交互に動かす練習
② 下半身を中心に動かす
③ スキーを体から離していく

ここに注目

□ シュテムターンでスキーを離す感覚をつかむ
□ 片足ずつ確認したら、平行にして行う
□ 意図したとおりのターン弧を描く

ターンは視線でリード!
先行し過ぎないように注意する

POINT 1

視線を先行する

視線が先行することで、上半身がターン方向を向き、ターンに入る準備ができる。目安としてスキーより少し谷側方向を見てもよい。ただし真下を見るとお尻が落ちやすいので注意。

視線を意識することで、ねじれが生まれる

上体と脚部に向きの誤差ができる

荷重と角付け、回旋をする際に必要なことは、上半身と下半身に自然なねじれができること。ただし、自分で上半身をねじるような姿勢ではない。

重要になるのは視線だ。視線を次のターン方向へ向けたり、ターン中は進みたい方向へ先行していく。バランスを取ろうとする下半身に対して、視線や上半身が先を見ていくことで、結果として上半身と下半身にねじれができるのだ。

ただし視線の先行が大きすぎれば、過度な動きになるので注意したい。

やり方

トップ方向に視線やおへそを向け、斜滑降で滑り出す。滑りながら視線やおへそを谷側に向けると、滑る方向が変わり、横滑りになる。これを繰り返す。

斜面

緩～中斜面

時間

左右2～3本ずつ

得られる効果

視線やおへその向きを変えることで、滑る方向が変わることを知る。これをターンに応用するきっかけができる。

▼視線を向ける方向が下半身の向きとあまりにも異なると、バランスが崩れたり、強引にスキーの向きを変える動きになる。自分がどの方向へ行きたいのかを意識しよう。

NG

CHECK!

❶視線を先行させることでねじれができる
❷自分が進みたい方向を意識する
❸斜滑降で練習

ここに注目

□視線の方向を変えることで、滑る方向が変わる
□バランスが取れていることを確認する
□左右とも行う

自然にできる外向傾と自分で作る外向傾

動画をチェック!

外向傾は自然にできる姿勢！
無理に形を作らない

POINT 1

刻一刻と量が変わる

外向傾はバランスが最も安定する姿勢。そのためターンの前半と中盤、後半と、スキーと自分の位置関係が変われば、外向傾も変わってくる。

外傾

スキーに対して外側を向くのが「外向」、外側の肩が下がった状態が「外傾」。この両方を合わせて外向傾姿勢と呼ぶ

外向

最も安定する姿勢が外向傾

　胸や上体がターンの外側を向き、かつターン外側に傾いた姿勢が外向傾。スキーは常に滑り続けるため、外向傾もターンに合わせて刻一刻と変化することが基本になる。
　また外向傾の量についても、斜度やエッジの立て度合いによって変化する。

　斜面に対して横向きに立つ場合、斜度が緩いほど両足の高低差は少なるなる。しかし急になるほど高低差が大きくなる。そして高低差が大きいほど、バランスを取るために谷側に傾く量が増える。外向傾は自分で作る姿勢ではないことを理解しておこう。

やり方

プルークスタンスで滑り出し、ターン中盤から後半にかけて内スキーを持ち上げる。

斜面

緩斜面

時間

２本程度

得られる効果

内足を上げることで、より大きな外向傾姿勢が生まれる。バランスがよい姿勢が身につく。

自分で外向傾姿勢を作ると力みが出てしまう。するとバランスを保ちづらくなる

NG

セルフ CHECK!

❶ バランスがよい姿勢を探す
❷ 適度に谷側を向く
❸ 適度に谷肩が下がる

ここに注目

☐ 足を上げるタイミングはターン中盤以降
☐ 足を上げる量よりも、バランスを重視する

肩の力を抜き、下半身には適度な張りを持つ

適度なリラックスと緊張の目安は、手で足を叩き、下半身の張りを感じること

POINT 1

上半身を固めない

上半身に力が入り過ぎると、足に力を入れにくくなり、的確なスキー操作ができなくなる。肩に力を入れないようにしたい。

適度な緊張とリラックス

　力みがあると、自由自在に体を動かせない。基本ポジションは、そこから上下左右前後に移動しやすいポジションを意味する。そのためある程度緊張し、ある程度リラックスさせることが必要になる。

　特にリラックスさせたい部位は上半身、

なかでも肩だ。肩に力が入ると、筋力でバランスを取ろうとしてしまう。しかしリラックスすることで、自然な外向傾も生まれる。また緊張させたい部位は下半身になる。下半身に適度に力を入れることで、スキーを動かしたり、体を支えることができる。

やり方
斜滑降で滑り出し、何度
かジャンプをする

斜面
緩～中斜面

時間
左右2～3回ずつ

得られる効果
ジャンプをするためには、
下半身の緊張と上半身の
リラックスが必要になる。
この適量がつかめる。

肩に力が入ってしまうと、下半身
に力が入りにくくなる

NG

セルフ CHECK!
❶力の入れ加減やリラックス加減を
　意識する
❷足が動かしやすいことを最優先にする
❸止まった状態でジャンプでもよい

ここに注目
□上半身はリラックスして滑り出す
□足を中心にジャンプする
□十分に力をためて高く跳んでみよ
　う

動画をチェック！

骨盤の立て方と股関節の使い方がよい姿勢の鍵になる

適度な前傾を作り、前後から手で挟む

POINT 1

前後からさわってみる

体の前側にある腹筋と、後ろ側にある背筋を両手で挟む。このとき骨盤が立った姿勢で、体が適度に緊張し、かつ前傾がキープできていることを確かめる。

NG

前傾過多

骨盤の立て方を覚える

思い通りのタイミングで荷重や角付け、回旋をしたり、ターン弧やスピードに合わせて量を調節するためには、骨盤が重要なポイントになる。

骨盤を適度に立てられると、足の可動範囲が広くなり、力も入れやすい。ところが骨盤が寝てしまうと、足を動かせる範囲が狭くなり、力も入れにくくなる。

骨盤を立てるためには、日頃からの姿勢も大きく影響する。しかしまずは滑走前に確認することで、骨盤が立った状態を作れるようにしたい。

やり方

イスに座り、骨盤を前傾させて立ち上がる。リフトを降りるときにこのイメージで行う。

斜面

中斜面

時間

3回程度

得られる効果

骨盤が適度に立てられていると前傾がしやすく、イスから立ち上がれる。骨盤が寝ていると立ち上がれない。

骨盤が寝てしまうと、前に動くことさえままならない

NG

セルフ　CHECK!

❶ 骨盤が立った姿勢を覚える
❷ 滑走前に骨盤を立てる意識を
❸ 骨盤を立てた状態と寝た状態を比べる

ここに注目

☐ 骨盤が立った状態をより鮮明に感じる
☐ 骨盤が立てられると、前傾がキープしやすい
☐ 骨盤が立たない場合は両手で体を挟んでみる

腹式呼吸でストックワーク

動画をチェック!

ストックを構える際に腹式呼吸を使うことで、体のバランスが維持しやすい

POINT 1

長く呼吸をする

一瞬で大きな呼吸をしてしまうと、胸式呼吸になりやすく、力が抜けやすい。ゆっくりと呼吸をするようにしたい。

体から力が抜けないようにストックを構える

ストックは体が起きる大きな原因

ストックを構える際に上半身が起きてしまい、足元から力が抜けてしまう人が多い。しかしここで腹式呼吸を使うことで力が抜けきらず、安定した姿勢のままストックが構えられる。

腹式呼吸をするコツは、「ウ」の口にし

て吐く。これも骨盤と同様に日常生活から練習しておきたい。

滑走中にそこまで意識が持てない場合には、腹筋の力を抜かないようにし、大きく体勢を変えないようにしターンや切り換えをするとよい。

やり方

腹式呼吸とストックを意識してパラレルターンで滑る。息を吐きながら荷重を行う。

斜面

中斜面

時間

2〜3本程度

得られる効果

不安定になりやすい切り換えが安定する。またスピードにも耐えられるようになる。

力を抜かない

力が抜けきると直立しやすく、体が遅れる原因になる

NG

セルフ CHECK!

❶滑り出す前に静止してリハーサル
❷はじめの1ターン目を大事にする
❸力が抜けてしまう呼吸と比べてもよい

ここに注目

□長く呼吸をすること
□体幹を使って体に力を入れる感じでもよい
□体から完全に力を抜かない

25

動画をチェック！

足首とヒザ、股関節の方向づけを変えることで、何通りもの調節ができる

スキーの上に沈み込みながら、足首とヒザ、股関節を曲げていく

POINT 1

自然と外向傾が生まれる

関節を曲げてエッジを立てると、バランスを取ろうとして外向傾が強くなる。

エッジを立てる量を調節する

エッジを立てるためには、足首やヒザ、股関節といった関節を曲げる必要がある。またこのように多くの関節を使うことで、エッジを立てる量の微調整ができるのだ。

しかしゲレンデでよく目にするのは、全身を傾けてエッジを立ててしまうケース。

これでは1パターンのエッジの立て方しかできず、微調整ができなくなる。

また多くの関節を曲げるためには、しっかりとした基本ポジションが必要になる。足裏全体に体重を乗せ、特に20ページで覚えたポジションを大事にしたい。

やり方
横滑りで滑り出し、途中で何度か斜滑降を入れる

斜面
中斜面

時間
2～3本程度

得られる効果
足首やヒザ、股関節を使ってエッジが立てられるようになる。またエッジを立てるときのバランスのよいポジションが覚えられる。

特に肩や頭から動かしてしまうと、足首や股関節でエッジが立てられない

NG

セルフ CHECK!
❶ 滑り出す前にリハーサルをする
❷ 適度に谷側を向く
❸ バランスを保ったまましっかりエッジを立てる

ここに注目
☐ 外足に多く体重が乗っていることが重要
☐ 一気にエッジを立てると、強い反発が来るので注意
☐ 横滑りから斜滑降ができれば、実際のターンにも取り入れる

27

荷重に合わせてリングを動かす

動画をチェック！

ターン弧と連動させて、ストックを動かし続ける

POINT 1

テールの動きと連動させる

ストックを動かす目安となるのがスキーのテール。スキーと平行にストックを動かし続けよう。

腕の動きを止めず、ストックを動かし続ける

POINT 2

内傾とストックは平行

脚部の内傾角度とストックの傾きを合わせよう。するとバランスがキープしやすい。

腕の動きを止めない

　滑らかなターンをするためには、常に体を動かし続けることが重要となる。下半身であれば足の曲げや伸ばしになり、上半身であれば視線や胸の向き、そしてストックになる。

　特にストックは意識を持っていない人が多く、それが失敗につながることを知っておいてもらいたい。正しいストックワークは、足の動きに合わせて腕を動かし続けること。荷重動作に合わせてストックを構えはじめ、最も荷重が強くなるところでストックを構え終えることが大切だ。

やり方
プルークで滑り出し、ストックワークを意識する

斜面
緩斜面

時間
2〜3本程度

得られる効果
スキーの動きと連動してストックを動かせるようになる。それが滑らかなターンにつながる。

ストックを突く手前で一気に構えてしまうと、体が起きてしまう

NG

セルフ CHECK!

❶ テールとストックを連動させる
❷ 強くストックを突かない
❸ 腕の動きを止めない

ここに注目

☐ 荷重に合わせてストックを構える
☐ ストックを突いた後に腕の動きを止めない
☐ 手首を返してストックを構える

Part 2
ロングターン

確実にスピードをコントロールするズレのターンと、
積極的にスピードに乗ったカービングターン。
両方に共通する動きと、それぞれの特徴的な動きを使い分けよう。

雪面とのやり取りができると、
ターンの質が一気に上がる！

Part 2
ロングターン

このPartで目指す滑り

カービングターン

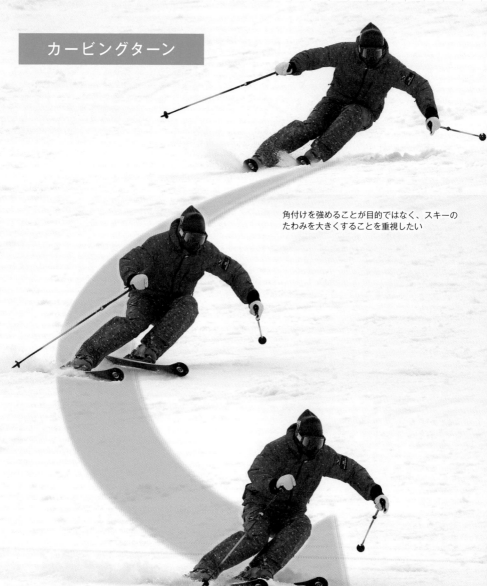

角付けを強めることが目的ではなく、スキーの
たわみを大きくすることを重視したい

カービングとズレを自在に調節する

このパートで目指す滑りは大きく分けて2つある。1つは自在にスピードやターン弧を調節するズレのロングターン。もう1つはスキーのたわみを十分に活かした、滑走性の高いカービングターンだ。

両者に共通する大きな動きは、スキーのたわみを作ること。そのために必要な動きを1つずつ覚えていく。

なかでも重要になることは、バランスが保てているのかと、しっかりと荷重ができているのかだ。その2つがおろそかになってしまうと、形だけをまねた滑りになる。

雪面を自分から押す感覚をつかむ

動画をチェック！

積極的に斜面を押すことで、スキーにたわみが生まれる

ターン前半から荷重をしていくことで、
スキーに大きなたわみができる

POINT 1

スキーをたわませる

スキーに対して強い力を加えると、幅の広いトップとテールが雪面にひっかかり、幅の狭いセンターがしなる。これがたわみになる。

ターン前半から荷重していく

　スキーの形状やフレックスを十分に活かしたターンをするためには、スキーをたわませることが必要になる。そしてたわみを作るためには、スキーへ荷重をする動きが重要で、ターンの前半から荷重をすることで、たわみが大きくなる。

　ターン前半から荷重をする動きは、スキーをターン外側へ押すこと。滑走スピードに応じて伸ばしながら押したり、曲げながら押したりする。また斜面から押される感覚も出てくる。まずは足を伸ばして押す感覚を覚えよう。

やり方
ターン前半に股関節を伸ばす

斜面
中斜面

時間
2本程度

得られる効果
足を伸ばすことで、雪面を押す感覚を覚えられる

腰がターン内側に入ると、足が伸びたようになるが、雪面は押せない

NG

セルフ CHECK!
① 雪面を押している感覚を覚える
② 足から動かしていく
③ スキーを体から離す感覚でもよい

ここに注目
□ しっかり押せるとスキーがたわむ
□ 切り換えから押していく
□ 一瞬ではなく長い時間押し続ける

コツ
11 両足で雪面を押す

動画をチェック！

両足でバランスを取り、外スキーを大きくたわませる

両足で荷重していくことで、両方の
スキーにたわみができる

POINT 1
重心の移動と同時に行う

動きが洗練されると、重心をターン内側に移動しながら、両足へ荷重をしていく。重心の移動が伴わないと、両足同時に荷重することが難しいため、慣れないうちは外足、内足の順に動かしてもよい。

内足でもスキーを押す

ターンの質を上げる場合には、外スキーだけでなく、内スキーも押していくことが大切だ。しかしあくまでも中心となるのは外足。外足に多く荷重してバランスを取り、内足にも適度に荷重して、適度なたわみを作る。

外足と比べると、内足で荷重をする感覚は小さいだろう。これは小指側には力を入れにくいという、骨格上変えられないものだ。そのため内足については、「荷重」という意識を持つよりも、適度に力を入れて体を支えている程度でもよいだろう。

やり方
パラレルターンで滑り、ターン後半に外足を踏み蹴って内スキー1本に乗る

斜面
中斜面

時間
2～3本

得られる効果
内スキーに重さが乗った感覚が得られる。押すというよりも、体を支えるという感覚に近い。

上半身から動いてしまうと、傾きは大きくなるが、スキーを押せない

NG

セルフ **CHECK!**

❶ 内足で体を支える感覚をつかむ
❷ 2本の線が残っている
❸ バランスを保持したまま両スキーを押せる

ここに注目
☐ 両足で押すといっても外足が中心
☐ バランスが保ちやすければOK
☐ 内スキーの角付けを、過度に強めない

動画をチェック！

山側に傾いた体を谷側へ戻す

POINT 1

足を曲げてスキーに近づく

山側へ傾いた体を谷側にするには、特に外足とスキーが近づく必要がある。

洗練されたターンでは、力のやり取りによって傾きが戻るが、まずは自分から谷側へ動いていく

スムーズに次のターンへ入るための動き

パート１でも紹介した先行動作を、カービング要素の強いパラレルターンでも使っていく。

カービングになると傾きが大きくなるため、どうしてもターンの終わりに体が山側へ傾きがちだ。けれども次のターンは当然

谷側になるため、山側に体が傾いたり、向いていたりすると、スムーズな切り換えができない。

ここでは強制的に山側へ傾いた体を、谷側へ戻す練習を紹介する。その後は40ページの動きに発展、洗練していくことになる。

やり方

ノーストックで滑り出し、ターン後半に両手を太ももに乗せる。

斜面

中斜面

時間

2本程度

得られる効果

太ももに両手を当てることで、山側に傾いた体が強制的に谷側への傾きになる。この動きをターン後半に使う。

腰がターン内側へ入ると股関節がロックしてしまい、よい姿勢に戻れない

NG

セルフ CHECK!

❶ 切り換えがしにくいときは、この動きをチェック
❷ 思いきり谷側へ傾く意識を持つ
❸ 足をしっかりと曲げる

ここに注目

☐ ターン後半は荷重を緩めていく
☐ 荷重が緩まない場合は、この動きを確認する
☐ 両手は同時に太ももに乗せる

コツ **13**　先行動作を洗練させる

動画をチェック！

事前の準備と先行動作でターンを滑らかにする

POINT 1

**次のターンの
フォールライン方向**

滑走スピードが速くなると、より次のフォールライン方向へ体を向けた先行動作が求められる。

前のターン後半に先行動作を行うことで、切り換えから次のターン前半がスムーズにつながる

滑らかな滑りには事前準備が必要

　ターンを滑らかにしたり、前半から大きな力で荷重をしていくためには、前のターン後半から切り換えにかけて準備をしておくことが必要になる。そしてこの準備が先行動作だ。前のページでも先行動作を紹介したが、ここでの動きはよりハイスピード、よりカービング要素の強いターンでの先行動作と捉えてもらいたい。

　先行動作で重要となるのは、パート1と同様に視線や胸の向きだ。しかし滑走スピードが速い分、向けていく方向が異なる。ここでその方向を覚えよう。

やり方

両ストックを体の前で開いて構え、滑りはじめる。

斜面

中斜面

時間

2本程度

得られる効果

ストックを体を運ぶ方向の目印にすることで、先行動作がより鮮明になる。

ターン後半に先行動作が作れないと、ターンが深くなりすぎたり、次のターンが入りづらくなる

NG

セルフ　CHECK!

1 先行動作の方向を鮮明にする
2 先行動作によってターンがスムーズにつながる感覚を得る
3 早めに先行動作の準備をする

ここに注目

☐ 両ストックの真ん中が体を向ける方向の目安
☐ 好みで多少方向を変えてもよい
☐ 足を伸ばしながら徐々に切り換える

コツ 14 両方のエッジを確実に切り換える

動画をチェック!

重心をターン内側へ移動し、両エッジを同時に切り換える

視線や胸の向きと合わせて、肩や腰のラインもチェックしたい

POINT 1

肩と腰、斜面が平行

ターンの終わりは、この3つのラインがおおよそ平行になるようにしたい。肩や腰が斜面と反対方向に傾いていると、スムーズに重心を移動できない。

ターン後半の姿勢がすべてを決める

両エッジを同時に切り換えるためには、重心を次のターン内側方向へ運ぶことが必要となる。ただし重心を移動するだけでなく、同時に足を伸ばしていくことも大切だ。実際、重心だけを大きく移動させるのは難しい。重心が移動し始めると同時に両足を

伸ばすことで、重心はより大きく移動できるのだ。

またターン後半に、重心の移動がしやすい姿勢になっていることも大切なポイント。38ページの先行動作と一緒に、ターン後半の肩や腰のラインも確認しておきたい。

やり方
ストックを横に持って滑る

斜面
中斜面

時間
2〜3本

得られる効果
視覚で斜面と平行なラインを確認できる。またこのラインが平行な姿勢を体感できる。

肩や腰のラインが反対側に傾くと、重心の移動方向と反対になるため、スムーズに動けない

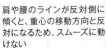

セルフ CHECK!
❶ストックを基準にして斜面と平行なラインを知る
❷ストックと肩や腰を合わせる
❸先行動作と組み合わせて行う

ここに注目
□ターン後半のラインを意識する
□重心がスムーズにターン内側へ移動できればOK
□重心移動をしながら足を伸ばす

Part 2 ロングターン

コツ **15** 力を釣り合わせる

動画をチェック！

雪面とのやり取りで、たわんだスキーの処理の仕方を覚える

POINT 1

たわみを感じる

ターン前半から荷重と角付けをすることで、スキーがたわみやすくなる

雪面との力のやり取りをするためには、自分からたわみを作ることが重要

力を緩めるタイミングを知る

ターンの中盤から後半にかけては、たわんだスキーをいかにして元に戻していくかが重要になる。例えば一気に力を抜くとたわみが一気に解放され、体が遅れやすくなる。またいつまでも荷重をし続けていると、ターン後半になってしまい、たわみを開放する場所がなくなってしまう。そこで覚えたいのが、力の釣り合わせだ。

たわんだスキーや雪面からは、押し戻されるような力が働く。まずはこの力を感じ、どのように処理をしていくのかを覚えよう。基本はゆっくりとたわみを戻す動きだ。

やり方
プルークターンで滑る

斜面
緩斜面

時間
2本程度

得られる効果
外足に大きな力を加えやすいため、スキーのたわみがより鮮明に感じられる。

内足のヒザが返ったり、外足のヒザが曲がってしまうと、たわみが作りにくい

NG

セルフ　CHECK!

❶ まずはたわみを感じる
❷ たわんだスキーが押される感じをつかむ
❸ 前半は徐々に足を伸ばす

ここに注目

□ しっかりとたわみを作る
□ たわみができたらゆっくりと解放する
□ なるべく滑らかに動く

パワーラインを作る

動画をチェック！

荷重によって、効率よく力を 加えられるラインができる

骨盤の前傾や体の向き、エッジの立て方や 強い荷重などができていることで、パワー ラインが出てくる

POINT 1

結果的にできるライン

内肩と外足の対角線の意識を忘 れずに、ビデオや人にチェック してもらうとよいだろう

パワーラインの意識を持つ

パワーラインとは、効率よく力を加えら れる、肩と足を結んだラインのこと。スキ ーへ荷重をしていった際に、このラインが 自然にできることが理想だ。

特にカービング要素を強めたい場合には、 このラインがしっかりとできるような荷重

が必要になる。

またスキーをたわませた後、ゆっくりと 力を緩める場合も、このラインに沿って足 を曲げていくとよい。

パワーラインに沿って力を入れられてい るかを確認しよう。

やり方

レールターンをし、徐々
にターンを深くしていく

斜面

緩斜面

時間

3本程度

得られる効果

傾きが強くなるにつれて、
雪面を押す力も強くなる。
そのときにパワーライン
が表れやすい。

上半身から傾けたり、荷重の
意識が少ないと、パワーライ
ンが表れない

NG

セルフ　CHECK!

❶ 雪面を押す感覚を鮮明にする
❷ ズレが少ない力の入れ方を覚える
❸ 荷重の感覚が狂った際にもおす
すめ

ここに注目

☐ 高い姿勢で滑りはじめるとよい
☐ 遠心力が強くなると、上半身から
動きがちなので注意
☐ 角付けが深くなったら視線や胸
の先行動作を加えるとよい

外足で雪を捉える

動画をチェック！

両足の同調操作でも、外足がメインの役割を担う

POINT 1

外足はスキーの基本

特に苦手意識のある側の外足は、毎回感覚が異なる人もいる。しっかりと基本となる外足の感覚を持っておきたい。

外足をメインで使うことで、高速でも深いターンでも安定感を得られる

外足の重要さは変わらない

ターンの外足には、バランスを取ったり、力を入れやすいというメリットがある。これは両足を使って滑るカービングターンでも変わらない。これまでいろいろな動きを練習してきたが、最後にもう一度、外足の使い方を再確認してもらいたい。

特にポイントとなるのが遠心力。カービングターンは強い遠心力がかかるが、体が振られるようであれば、足元がおろそかになっている可能性が高い。しっかりと外足に荷重し、外足をメインで動かすことで、遠心力に振られないようなターンができる。

やり方
スキーをターン外側へ開き出し、開き出した外足に乗って滑る

斜面
緩～中斜面

時間
3本程度

得られる効果
より鮮明に外足に荷重することで、安定感や力の入れやすさを再確認する。

上半身から動いてしまうと、外足が開き出せない

NG

セルフ CHECK!
❶ 外足の力の入れやすさを再確認する
❷ 外足のバランスのよさを再確認する
❸ 荷重感覚が狂ったときに行うとよい

ここに注目
☐ 開き出しながら切り換えるくらいでよい
☐ 外足が雪に着くと同時にターンがはじまる
☐ 外足から外足の感覚で滑る

Part 3
ショートターン

前半からスキーに荷重することで、雪面が捉えられる。
ショートターンならではの素早い動きを身につけよう。

しっかりとしたターン弧を描くことで、
安定したショートターンができる！

動画をチェック！

このPartで目指す滑り

ズレの多いショートターン

上下動を大きく使うことが多い。
基本的な滑り方になる

ターン弧とスピードをコントロール

　ショートターンもロングターンと同じように、ズレを多く使ったコントロール重視の滑りと、スキーのたわみを活かしたシャープな滑りに分けられる。

　ズレを使った滑りは、急斜面や不整地でも有効な滑り方の基本となる。そのため、

はじめに覚えていくとよいだろう。

　またシャープな滑りを覚え始めたころは、整地で使うことが多い。しかし技術を洗練していくにつれて、不整地や急斜面でも使えるようになっていく。まずは整地を中心に、ショートターンの技術を磨こう。

シャープなショートターン

スキーのたわみが大きくなり、雪面からの反発も強くなる。そのため体が不安定になりやすい上下動を、抑える傾向が出てくる

コツ
18

ターン前半を作る

スキーを振らずに、
ターン外側へ押しズラす

動画をチェック！

POINT 1

太ももが起きる

雪面を捉えるためには、雪をターン外側へ押すようにする。すると結果的に太ももが起きた状態になる。

なるべく長い時間、
雪面を捉えていく

前半からの捉えはコントロールの基本

　ターン弧が小さいショートターンでも、前半から雪面を捉える動きが重要になる。その理由は、前半から捉えることで、ターン中ずっと、雪面を削ることができるからだ。ところが素早くスキーの向きを変える意識が強いと、スキーを振ってしまうこ

とになる。するとターンの前半がなくなり、スキーが横を向く時間が増えてしまうのだ。これではリズミカルな動きがやりづらく、きれいなターン弧も描けない。まずは切り換え直後から雪面を捉え、素早くターン前半を作ることからはじめよう。

やり方
ゆっくり滑らかに雪面を
捉える

斜面
中斜面

時間
2本程度

得られる効果
小さいターン弧でも、雪
面を捉える感覚が持てる

▼

素早くスキーの向きを変え
ようとすると、体をターン内
側へ振り込んでしまうこと
が多い

NG

セルフ　CHECK!

❶ 前半のある丸いターン弧を描く
❷ 足をしっかりと動かす
❸ できれば一定のリズムで滑る

ここに注目

☐ なるべく長い時間、足を伸ばして
　雪面を捉える
☐ 体が内側に傾いたり、向いたりし
　ない
☐ まずはできるだけ大きく動く

動画をチェック！

小さなリズムでも
積極的に雪を削る

POINT 1

一気に動かない

急激な動きをしてしまうと、力は上に抜けてしまう。じわっと太もも筋肉でスキーをターン外側へ押していく

横方向に力が加わることで、雪面を削る動きができる

削る

両足でスキーを押す

　54ページで練習した動きを洗練させ、より小さなターン弧にしていく。

　足を伸ばして雪を削る場合に大切なことは、カカトの外側をより外へ動かす感じだ。そうすることで横方向に力が加わり、結果的に雪を削れる。ところが上手く雪を削れ

ない場合には、頭や上体から動かしてしまうことが多い。これだと力が上に抜けてしまい、バランスを崩したり、暴走してしまう原因となる。

　動かせる範囲で、できるだけ素早いリズムを作っていこう。

56

やり方

ノーストックで滑り、切り換えからターン前半にかけてばんざいをする

斜面

中斜面

時間

2〜3本

得られる効果

しっかりと足を伸ばすことで、雪面をさらに多く削れる感覚を得る。またこの動きを素早くしていく。

太ももを使わず、外に押す意識だけを強く持つと、スキーは外側へ流れていってしまう

NG

セルフ CHECK!

① 太ももから始動する
② 徐々に足を伸ばす
③ 何本か滑ると、太ももに心地よい疲労を感じる

ここに注目

□ 股関節から始動しない
□ 横方向に力を加える
□ 体の軸はまっすぐに保つ

動画をチェック！

左右に動くことで、大きく長い時間、雪面を削れる

POINT 1

最後までスキーを押し続けない

ターンの終わりまでスキーを押し続けると、トップが真横を向いてしまう。ターン中盤を過ぎたら、スキーを押す力を緩めていこう。

ターンの終わりに、スキーが回り過ぎていないことに注意

横を向け過ぎずに切り換える

切り換えで左右に大きく動くことで、ターンの前半が長くなる。すると雪面を削る時間が増えるため、コントロールできる時間も増える。そのためには、ターンの終わりにスキーを回し込み過ぎないことが大切になる。スキーが真横を向くと、次のターンへの切り換えがしにくいため、体を真下へ向けて回旋動作を強くしてしまう。

ターン後半は、スキーを回し込み過ぎないようにしよう。目安としてフォールラインに対して斜め45度程度にするイメージだ。

やり方
ターン中盤から後半にか
けてクローチングを組む

斜面
中斜面

時間
2本程度

得られる効果
ターンの終わりまで突っ
張りやすい足を、強制的
に曲げる動きを覚える。
それによってスキーが回
り過ぎず、切り換えで左
右に大きく動ける。

足を突っ張ってしまうと、ス
キーが横を向き過ぎるため、
左右に大きく動けなくなる

NG

セルフ CHECK!

❶トップがフォールラインを向くま
での時間を長くする
❷最後にスキーを真横へ向けない
❸サイドジャンプをするイメージ

ここに注目

☐フォールラインを過ぎたら、伸ば
す力を緩めていく
☐足の付け根を曲げるとやりやすい
☐股関節を伸ばしきらない

動画をチェック!

上体の適度な谷側への向きが
スキー操作を安定させる

POINT 1

上体の向きをアレンジ

スキーの回し込み度合いで上体
の向きをアレンジする

前のターン後半に先行動
作を行うことで、切り換え
から次のターン前半がス
ムーズにつながる

スキーの方向

フォールライン

上体の向き

谷向きの姿勢（外向）はスキーの基本

　雪を削ったり、スキーを回すといったスキー操作を滑らかにし、安定したポジションをキープするためには、谷向きの姿勢が重要になる。しかし体を真下へ向けすぎると、かえってスキーの操作を邪魔してしまうことがある。

　どの辺りを向けるのかは、スキーを回し込む度合いによって異なるが、事前にどの方向に滑りたいのか（ターンをしていきたいのか）を決めておくことが大切になる。そしてその方向へ胸や視線を向けることで、適切な姿勢ができる。

やり方

プルークで体を進みたい
方へ向け、外足を伸ばし
て荷重する。俗にいうジ
グザグプルーク。

斜面

中斜面

時間

2本程度

得られる効果

スキーがずれて回転する
のではなく、体を向けた
方に進んでいく感覚が得
られる。

ターン後半に先行動作が作
れないと、ターンが深くなり
すぎたり、次のターンが入り
づらくなる

NG

セルフ **CHECK!**

❶ 体を真下へ向けない
❷ ターンしたい方向を事前に決める
❸ 切り換えやすさを感じる

ここに注目

☐ 浅い角度からはじめる
☐ 足裏全体に荷重する
☐ 腰が回るとターンがはじまってし
　まう

61

動画をチェック！

思い通りにターン弧をコントロールするためには、足首と股関節のひねりが重要

POINT 1

上半身と下半身のねじれを利用する

スキーと体が同じ方向を向いていると、股関節や足首のひねりは難しくなる。ターン後半、視線や胸の向きとスキーの向きが異なった状態（ねじれた状態）であれば、腹部にひねられた感覚が得られる。

下半身をひねることで、胸や視線に対して、
トップがターン方向を向く

股関節や足首を回旋させる

スキーの回転半径以上にターン弧が小さくなるショートターンでは、ひねりによってトップの方向を変える必要がある。そうしないとターン弧が小さくならないからだ。そこで重要になってくるのが、股関節や足首のひねり（回旋）だ。

またひねりを使うタイミングは、スキーがフラットになったときから、はじめるとよい。さらに切り換え時に股関節や足首のひねりを使うことで、スキーへ荷重する動きも有効に使える。慣れないうちは立ち上がって抜重する動きを使ってみよう。

やり方
プルークスタンスで滑り
出し、徐々にスタンスを
平行にする

斜面
中斜面

時間
2〜3本

得られる効果
プルークスタンスは外足
首や外股関節がすでにひ
ねられた状態（内旋）。
この段階で特に股関節を
ひねる感覚を掴み、平行
になるにしたがって、内
股関節と内足首をひねる
感覚をつかむ（外旋）。

足首や股関節のひねりが使
えないと、上体をひねること
が多くなる。すると前半から
スキーに荷重していけない

NG

セルフ CHECK!
❶脚部をひねる感覚をつかむ
❷ひねりによってトップが素早くタ
　ーン方向へ向くことを感じる
❸足首と股関節を同時にひねる

ここに注目
☐スキーに正対しすぎない
☐先行動作があると、脚部がひねり
　やすくなる
☐特にパラレルスタンスでひねる感
　覚が重要

タイミングよくストックを突く

動画をチェック！

タイミングがよければ最適な補助に、悪ければ弊害になるのがストックワーク

POINT 1

ストックを突くタイミングは様々

ストックには様々なタイミングがあり、「ココ」という場所はない。しかし荷重に合わせたストックの動き、それと突くまでの動きが大切だ。

よいタイミングでストックを突くことで、バランスの補助になる

正しいタイミングで突く

これまでもストックの重要性を紹介してきたが、**ショートターンはロングターン以上にストックが重要になる**。なぜなら、ターンが細かいショートターンほどバランスを崩す確率が高く、ストックの使用頻度も増えるからだ。

初心者の頃は、ストックをターンのきっかけにしたこともあるだろう。しかし中級者になれば、重心移動の手助けになる突き方をしたい。ターンの基本は主に足による荷重と角付け、回旋だ。そのため足の動きを邪魔しないように、ストックを突く。

やり方

整地でストックワークの
リハーサルをしてから、
ショートターンで滑る

斜面

整地⇒中斜面

時間

5回程度

得られる効果

体の動きを邪魔しないス
トックワークが身に着く

ストックを突くタイミングが
早すぎると、重心の移動が
やりづらくなったり、突いた
反動で体が起き上がってし
まうことがある。

セルフ CHECK!

❶ストックでバランスを崩さない
❷ストックの動きを止めない
❸腕への衝撃が強い場合は、タイミ
　ングが早い

ここに注目

□足の動きと連動してストックを動
　かす
□突く前にストックの先を突きたい
　方へ向ける
□腕への衝撃が少なければOK

動画をチェック！

押す方向やブレーキの量で舵取りのスムーズさに違いが出る

POINT 1

ブレーキの量を中心に考える

押す方向を変える大きな要素がスピードだ。スピードが出やすいシチュエーションほど、フォールライン方向にずらすことで、スピードのコントロールを求める。

失敗した際に瞬時に押す方向を変えてリカバリーすることも、上級者には必要なテクニック

押す方向を意図的に使い分ける

スキーを押す方向やタイミングによって、ブレーキの量やターン弧の深さ、切り換え方向などが変わる。どのタイミングがよいということではなく、状況によって使い分けることが大切だ。

スキーを押す方向がフォールライン方向になるほど、落下を止める要素が強くなる。そのため、スピードオーバーになったり、急斜面で使うケースが多い。逆にターン前半から押すほど滑らかなターン弧が描ける。動きがスムーズに連動しやすいため、通常はこの動きを使うことが多い。

セルフレッスン・1 　　　　　　　　　　　　　　難易度 ★★☆

(やり方)
プルークでスキーを押す
方向を変える

(斜面)
緩～中斜面

(時間)
3～5本程度

(得られる効果)
押す方向によってどのよ
うな影響があるのかを理
解する。

セルフレッスン・2 　　　　　　　　　　　　　　難易度 ★★★

(やり方)
パラレルスタンスでスキー
を押す方向を変える

(斜面)
中斜面

(時間)
5本程度

(得られる効果)
押す方向による違いを感
じ、意図的に使い分けら
えるようになる。

セルフ CHECK!

❶ 大げさにタイミングを変える
❷ 斜度がある方が違いを感じやすい
❸ ただし斜度があると、前半からの
　動きは難しくなる

ここに注目

□ 雪の削り方の違いを感じる
□ 後半に押すほどターン弧の丸みが
　少なくなる
□ 普段の滑りでも、斜面の途中で押
　す方向を変えてみる

Part 4
コブ斜面を滑る

スピードをコントロールしたり、コブの凹凸に合わせたり、
自在にコブを滑るテクニックを覚えよう。

コブはすべての技術を総動員する斜面。
リズムにも気をつけて思い通りのラインを描こう。

動画をチェック！

コブ斜面を滑る

このPartで目指す滑り

コントロールを重視した滑り

上下動を使い、切り換えと同時に雪面を削って
スピードをコントロールする

1

4

2

5

3

6

バランスを保ち、スピードをコントロールする

不規則な凹凸の連続であるコブ斜面では、バランスを崩したり、スピードのコントロールが不十分になってしまうことが多い。まずはコブのなかでもしっかりとスキーをズラし、スピードをコントロールする動きを覚える。

スピードのコントロールを覚えたら、きれいなターン弧を描いたり、スムーズな連続ターンで滑ることに挑戦しよう。

コブでは様々なテクニックを総動員することが必要になるが、まずは自分が持っている技術を使い、少しずつコブに慣れよう。

スピーディーな滑り

足の曲げ伸ばしを大きく使い、コブの形状を利用しながら適度なスピードで滑る

1

4

2

5

3

6

しっかりとコントロールして滑る

動画をチェック！

両足を押し伸ばして、早めから雪面を削る

POINT 1
凹凸の少ない場所を見つける

溝と溝の間には、必ずスキーを動かせるスペースがある。まずは2、3ターンずつでよいので、スペースを使ってしっかりとスキーを動かす。

スペースのある場所で、スキーを押しズラす

両足をしっかりと伸ばす

コブ斜面でも、スピードをコントロールする動きの基本は変わらない。ロングターンやショートターンと同じように、切り換えと同時に斜面を削っていく。そのためには両足を伸ばして、スキーをターン外側に押しズラすことが重要だ。

またコブ独特の要素として、溝がある。溝ではスキーを押しズラせるスペースがないため、あせって切り換えようとすると、溝が邪魔をしてしまう。溝を抜けた先にはスキーを動かせるスペースがあるので、切り換えやすい場所で切り換えよう。

やり方

プルークでまっすぐに滑り出し、両スキーで雪面を押して止まる

斜面

緩斜面

時間

2本程度

得られる効果

フォールラインを向いたときに、しっかりとスキーを押しズラせるポジションにいられるかを確認できる。

スキーを押しズラせないと溝に勢いよく落ちてしまい、バランスを崩しやすい

NG

セルフ CHECK!

❶スキーを押しズラせるポジションを確認
❷足を大きく動かす
❸1ターンずつでよい

ここに注目

□フォールラインを向いたまま、スキーを押せるポジションを確認
□足裏全体でスキーを横に押す
□上手くできなければ重心を前後に動かす

動画をチェック！

滑りやすいラインの見極めにつながる

溝の先を見る習慣を
持ちたい

POINT 1

溝の先を見る

２～３コブ先まで、溝の先にスペースが連続してあるラインを探す。練習で滑り出す前に、よいラインを見つける習慣を持ちたい。

溝の少し先を見る

コブを滑っていくコース（通り道）をラインと呼ぶ。コブ斜面を滑る際に大切なことは、できるだけ規則正しくコブが並んだラインを探すこと。その際にポイントとなるのが、ズラしやすい場所がきちんと存在しているかだ。

72ページでも紹介したが、ズラしやすい場所は溝の少し先にある、真っ平なスペースだ。まずはこのスペースをしっかりと探したい。また３～５コブほど、スペースが連続しているラインを見つけよう。これだけでコブの滑りやすさが大きく変わる。

やり方
溝の先のスペースを見つけ、プルークボーゲンやシュテムターンで滑る

斜面
規則正しいコブのライン

時間
３本程度

得られる効果
雪を削りやすいタイミングで、しっかりと削る動きと、削れたときのコントロール感を覚える。

溝のなかはスペースがないため、スキーを押し出せない

NG

セルフ CHECK!
① 滑りやすいコブを探す
② 一定のスピードで滑る
③ 上手くできないときは、ラインを変える

ここに注目
□ テールが引っかからないラインを滑る
□ しっかりと雪を削れたときの感覚を持つ
□ 焦らず、スペースを有効に使う

コツ 27 パラレルでしっかりとコントロールして滑る

動画をチェック！

プルークと同じように 斜面を削る感覚をつかむ

足を平行にしても、しっかりと雪を削る

コブ斜面をズレの多いパラレルターンで滑る

パラレルスタンスで滑った場合でも、プルークやシュテムターンと同じように雪を削りたい。ただし足を平行にした状態でターンに入るためには、適度なスピードが必要になる。そのためには、ターン後半でスキーを真横に向けないことが大切だ。

この感覚をつかむために、コブ斜面をパラレルターンで滑りたい。横滑りの要素を取り入れることで、適度なブレーキがかかる。この姿勢でターンを終えられると両エッジを同時に切り換えられるため、パラレルスタンスがキープできる。

【やり方】
コブ斜面をパラレルター
ンで滑る

【斜面】
コブの緩中斜面

【時間】
2本程度

【得られる効果】
特にターンの後半に、ス
キーをズラせるポジショ
ンが身につく。この姿勢
ができることで、スキー
が真横まで向かなくなり、
両スキーのエッジを同時
に切り換えることができ
る。これによってパラレ
ルスタンスでコブを滑る
土台ができる。

無理やりひねり回すと、
スピードのコントロール
ができない

NG

セルフ　　　CHECK!

❶しっかりと外足に荷重する
❷ターンの後半、適度な横ズレを感
　じる
❸一定のスピードで滑る

ここに注目

□一定のスピードで滑り続ける
□横移動は斜滑降ではなく、横滑り
□切り換えたい場所を早めに決め
　る

コツ
Z8 コブの溝に受け止めてもらう

動画をチェック！

溝を上手く利用できると、さらにスピードがコントロールできる

POINT 1

溝に当たるのではなく、乗り上げる

溝に当たろうとすると身構えてしまい、足を突っ張りやすい。外足に乗る意識を強く持てると、溝に少し乗り上げることができる。

溝に乗り上げることで、最後までスピードをコントロールできる

足を突っ張らずに溝へ乗り上げる

スキーの向きを変える場合には邪魔になるコブの溝。けれども、溝には落下を受け止めてくれる特性がある。そのため溝もしっかりと利用することで、よりスピードがコントロールしやすくなるのだ。

イメージとしては、溝にドンと当たるのではなく、溝の下側（斜面の谷側）に乗り上げる感じになる。足を突っ張るとドンと当たって弾かれてしまうため、足を曲げながら溝に受け止めてもらう。また76ページで練習した、外足にしっかりと荷重しておくことも重要な要素だ。

やり方

1コブずつ止まるつもり
で、溝に乗り上げる

斜面

中斜面のコブ

時間

左右5回ずつ程度

得られる効果

ターンの後半まで雪を削
れるようになり、十分に
スピードをコントロール
できる。また上手くコブ
の形状を使えるようにな
る。

足を突っ張ってコブに
当たると、コブから弾か
れてしまう

セルフ　**CHECK!**

❶ しっかりと足を曲げる
❷ はじめは溝でプルークを作るよう
　なイメージでもよい
❸ 溝からの衝撃が大幅に弱まる

ここに注目

☐ 溝に乗り上げると、ターン後半に
　かかる時間が長くなる
☐ 視線や胸は、切り換えたいスペー
　スの方に向ける
☐ 溝の手前から足を曲げていく

ターン後半にスキーを回し過ぎない

動画をチェック！

ターンを終える姿勢と溝に受け止めてもらう動きを合わせ、連続ターンにつなげる

スキーを真横に向けないことで、
スムーズな連続ターンができる

ターン後半の姿勢が次のターンを決める

76ページの横ズレの姿勢と、78ページの溝の使い方を組み合わせることで、スムーズな連続ターンをしやすくなる。そのためこのページの練習が上手くできなければ、前のページに戻って練習してもらいたい。

この両方の動きを合わせると、スキーが斜面の真横を向かなくなる。すると、パラレルでスキーを切り換えるための、適度なスピードが保て、ターンの入射角が作れるのだ。すると切り換えと同時に横ズレで雪を削りやすく、足が平行のまま、スムーズな連続ターンができる。

やり方

シュテムターンで感覚を
つかみ、パラレルスタン
スでも同じ感覚で滑る

斜面

中斜面のコブ

時間

2〜3本

得られる効果

ターンをよい状態で仕上
げられるようになる。そ
れによって、スムーズな
連続ターンができるよう
になる。

つま先寄りだと前につんの
めり、カカト寄りだとすっ
ぽ抜けやすい

NG

セルフ　CHECK!

❶切り換えやすさを感じながら滑る
❷テールが流れた感覚があればNG
❸頭を次のターン方向に突っ込み過
　ぎない

ここに注目

☐体を谷側に近づける
☐足裏全体に体重を乗せる
☐ターン後半の外向傾姿勢を意識
　する

動画をチェック！

脚部を中心に動かすことで視線が安定し、バランスを保ちやすくなる

POINT 1

視線の高さを変えずに足を伸ばす

足を伸ばすことで雪を削るという目的は変わらない。しかし伸ばすタイミングが早すぎると、頭の高さが変わってしまう。コブの凹んだ部分から足を伸ばしていきたい。

斜面が凹んだ分だけ足を伸ばすと、
頭の高さは一定のままになる

足を伸ばすタイミングが重要

これまでは積極的に足を伸ばし、大きく雪を削ることでターンをしてきた。この動きはコブを安全に滑る基本になる。

ここからは極端に雪を削り過ぎず、適度なスピードで滑るための動きを紹介していく。まず大事にしたいことは、頭の位置が変わらないこと。視線の高さと言い換えてもよい。そのためには腰の高さを変えずに、凹凸に合わせて足を伸ばしたり、曲げたりする。ただし曲げる動作は自分から曲げるのではなく、斜面から押された結果、曲げられるような動きになる。

やり方

整地で頭の高さを変えずに滑る

斜面

中斜面

時間

3本程度

得られる効果

体が落下していく速度と、足を伸ばす速度を合わせる。この動きができることで、雪面から押されて足が曲がる感覚も得られる。

自分から足を曲げてしまうと、後傾になりやすく、よいタイミングで足を伸ばせなくなる

NG

セルフ　CHECK!

❶ 視線の高さに意識を持って滑る
❷ テールが流れた感覚があればNG
❸ 感覚が得られにくい場合は、コブを斜滑降してもよい

ここに注目

☐ 足を伸ばすタイミングが少し遅くなる
☐ 凹みに合わせて足を伸ばしていく
☐ 曲げよりも伸ばす方に意識を集中させる

脚部の伸ばし方で
雪を削る量を調節する

削る感覚に意識を持つと、自然と伸ばしはじめる
タイミングが合うことも多い

曲げられた姿勢を保つ

足の伸ばしはじめが遅くなるため、雪から
押されて足が曲げられた姿勢を保つ時間が
出てくる。この時間を意識したい。

押す方向を意図的に使い分ける

頭の高さを変えずに雪を削る動きを、洗
練していこう。斜面が凹んだ場所から足を
伸ばしていくことが大切だが、常に全力で
足を伸ばすのではなく、雪を削っている感
覚を持ちながら、伸ばす量を調節していき
たい。ただし、この伸ばし出しのタイミ

ングが難しい。斜面が凹みはじめるのは、
72ページから紹介した、スキーを動かし
やすいスペースを過ぎてからだ。そのため、
少し遅めに伸ばしはじめるとよいだろう。
伸ばしはじめる場所で、足を伸ばす動きや
削る量、滑走スピードが変わってくるのだ。

セルフレッスン・1

(やり方)
プルークで押したり押されたりする感覚をつかむ

(斜面)
中斜面

(時間)
2〜3本程度

(得られる効果)
頭の高さを変えずに、雪面を押したり、雪面から押されたりする感覚をつかむ。

セルフレッスン・2

(やり方)
コブをショートターンで滑り、雪を削ったり、雪から押される感覚をつかむ

(斜面)
中斜面のコブ

(時間)
5本程度

(得られる効果)
コブの形状に合わせて足を動かすことを覚え、その結果、コブを利用して滑れるようになる。

セルフ CHECK!
1. 雪を削りやすい場所を感じる
2. 削ったら雪から押されるという動きの繰り返しになる
3. 急斜面ほど感覚を得やすい

ここに注目
□ 足を伸ばすタイミングを重視する
□ 落下しながら雪を削る感覚があるとよい
□ 一定のスピードで滑れたらOK

3種類の先落とし方法

動画をチェック！

様々な形状のコブに対応するためには、3つの先落としの方法を使い分ける

コブの形で使いやすさが異なる

これまで紹介してきた滑り方を使えば、大体のコブが滑れるだろう。しかしコブの形状は1コブずつ異なる。そのため、意図的に動きを使い分けられると、より安定した状態で、楽にターンに入れるようになる。エッジの角を外す動きが大切だ。

ここでは3つの先落とし方法を紹介する。先落としとは、トップをフォールライン方向に向けること。つまりターンのきっかけだ。普段から練習しておきたい動きだが、使い分けと同時に、自分が使いやすい動きがどれかも知っておきたい。

POINT 1

コブに応じて動きを使い分ける

滑りの総合力が試されるのがコブ斜面。そのため、コブの形状や雪質によっては、できたことが難しくなったり、それまでの動きでは滑りにくくなったりする。そのような場合には、ここから紹介するいろいろな動きを試してもらいたい。

セルフレッスン・1

難易度 ★★☆

やり方
上下動を使って先落としをする

斜面
中斜面のコブ

時間
2本程度

得られる効果
多くの場面で使いやすいことを知る。また、スピードに乗ったり、落差が大きなコブでは使いにくいことを知っておく。

セルフレッスン・2

(やり方)
テールが凹凸にぶつかった反動で切り換える。

(斜面)
中斜面のコブ

(時間)
2本程度

(得られる効果)
間隔の狭いコブや規則正しいコブで使いやすい。ただし頭の高さを変えない動きが必要になる。

セルフレッスン・3

(やり方)
逆ひねりの解放を使って先落としをする

(斜面)
中斜面のコブ

(時間)
2本程度

(得られる効果)
上体と下肢の逆ひねりを開放することで、先落としを行う。多くの場面で使いやすいが、落差が大きなコブでは使いにくい。上体が向いている方向にトップを向ける。

(セルフ) **CHECK!**

❶ どの先落としが使いやすいのかを意識してコブの形状を見る
❷ いつもの滑りで上手くいかなかったときは、他の先落としを使う

ここに注目

☐ 動作の違いを知る
☐ メリットやデメリットを体感する
☐ 最終的には1本のなかでも、コブの形状に応じて使い分ける

動画をチェック！

2種類の削り方を使い分けながら、不規則なコブを滑りきる

横滑りの動きは大きく雪面を削れるため、態勢を立て直す際に使うことが多い

時にはブレーキ要素の強い削り方を使う

斜面がねじれていたり、斜度が急だったりすると、よりいびつな形のコブができることが多い。そのようなコブを滑る場合には、86ページで紹介した先落としと合わせて、ここで紹介する後半の削り方も使い分けたい。

ここで紹介するのは、ターン前半から雪を削る動きと、一気にスキーを横に向けた横滑りの削り方だ。それぞれにメリットとデメリットがあるが、基本としてはターン前半から削りたい。そしてリカバリー的に、横滑りを交えよう。

やり方
2つの削り方をミックスして使う

斜面
不規則なコブが多い斜面

時間
3本程度

得られる効果
コブの形状に合わせて、瞬時に削り方を使い分けることを覚える。

コブの形状に対してデメリットが大きい動きを使うと、失敗をするリスクが高くなる

NG

セルフ　CHECK!
① スタート前にコブの形状を確認
② 形状の変化が大きいコブを見つけておく
③ コブの形状に合わせて動く

ここに注目
☐ 自分が滑りやすい動きをベースにする
☐ ベースの動きでは対処しにくいコブに限って、動きを変える
☐ 様々なコブ斜面で試す

動画をチェック！

骨盤を立てた基本姿勢ができていると、コブに合わせた足の動きをしやすい

POINT 1

身構えるほど骨盤が寝てしまう

力んだり、背中を丸めて身構えると、骨盤は寝てしまいやすい。適度にリラックスし、前傾を保ちたい。

足の可動域が広く保てることで、バランスを保ちやすくなる

足の可動域に影響するのが骨盤

コブ斜面では、自分から積極的に動いたり、大きく動かされる。そのためバランスを保つことが何よりも大切になる。

そこでポイントとなるのが骨盤だ。骨盤を立てられると、足の可動域が大きくなる。つまり雪を大きく削れたり、押されて曲が

る量が増えることで、衝撃を吸収しやすい。コブの形状だけでなく、強引なひねり操作やストックワークなど、骨盤が立てにくい姿勢を作ってしまう要因は数多く存在する。日頃から骨盤を立てた姿勢を意識し、ときどきチェックをしていきたい。

やり方
コブ斜面で斜滑降を繰り
返す

斜面
中斜面のコブ

時間
3〜5往復本程度

得られる効果
骨盤が立った状態を意識
しやすい。またよい骨盤
の位置を保てているのか、
チェックにも使える。

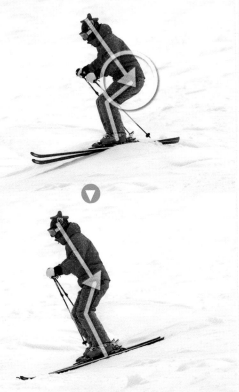

猫背になりすぎると
骨盤が寝てしまう

NG

セルフ　CHECK!
❶足の可動域を日頃から意識する
❷可動域が少ないと感じたら、骨盤
　をチェックする
❸ウォーミングアップにしてもよい

ここに注目

☐足が大きく動く
☐頭の位置が極端に前後しない
☐適度なリラックス姿勢で滑る

腕の構えやストックを突く位置の安定が、脚部の安定につながる

ストックの補助を使い、ターン後半から切り換えにかけてのバランスを安定させる

POINT 1

バランスを取る中心は足

3点でバランスを保つといっても、外足に大きく荷重する動きが中心になる。これがおろそかになると、何をしてもバランスが保てない。

ストックを突くタイミングと位置が重要

コブ斜面では、バランスが崩れやすい。そのため、はじめのうちはしっかりとストックを突き、ストックと両足でバランスを保とう。

ただし注意してもらいたいのは、ストックを突くタイミングが早くなりすぎないこ

とと、ストックを突いた方へ傾かないこと。このどちらの動きもバランスを崩す原因となってしまう。

またストックを斜面に対して真上から突くことも大切だ。斜面に対して、ストックを垂直に立てるような意識を持ちたい。

セルフレッスン・1 難易度 ★★★

やり方

整地やコブで、ストックを意識して滑る

斜面

中斜面、中斜面のコブ

時間

各2〜3本程度

得られる効果

不安定になりやすいのが、ターン後半から切り換えにかけて。この部分が安定して滑れるようになる。

ストックに意識がいきすぎたり、突くタイミングが早いと失敗の原因になる

NG

セルフ CHECK!

❶ 切り換えが安定しているかを確認
❷ 外足荷重を保ったままストックを突く
❸ ストックを徐々に用意する

ここに注目

☐ 切り換えが安定している
☐ 外足に荷重しながらストックを突いている
☐ ストックを突いた衝撃がなく、動きが柔らかい

Part 5

斜面別滑りの
Q&A

難しい斜面ではミスが増えるのも当然。
けれどもミスの頻度を下げることで、
より楽しみながら攻略できる。

失敗しやすいポイントを修正し、
より正確な滑りを目指そう！

Part 5
斜面別滑りのQ&A

急斜面をゆっくり滑る

コントロールを重視した滑り

大きな左右への移動と上下動を使い、
雪面をしっかりと削ってスピードを
コントロールする

切り換えの高さや
懐の深さが変わる

重心とスキーの
距離が変わる

バランスを保ち、スピードをコントロールする

急斜面では、体が落下させられる力が大きくなる。そのためゆっくりと滑るためには、落下に抵抗するための動きが必要になる。抵抗するための動きとは、雪面を削る動きであったり、スキーを左右へ大きく動かす動きであったりする。

次のページからは、落下する力に抵抗できない代表的な動きを2つ紹介する。まずは自分がどちらのタイプなのかを知り、それを克服するための練習をしよう。また、特にパート1〜3で紹介した練習方法を、急斜面でやってみるのもおすすめだ。

スピーディーな滑り

頭の高さを変えず、足の曲げ伸ばしを中心に使う。雪面との力のやり取りを重視する

コツ **36** よくある失敗その1 暴走

動画をチェック！

切り換えでフォールライン方向に動き過ぎると、落下の力が増える

NG

左右に動けないと、落下する力が強くなって暴走しやすくなる

> **POINT 1**
>
> ## 切り換える方向を意識する
> 左右へ大きく動くためには、ターン後半にスキーを回し込むことと、外足に大きく荷重することがポイントになる。

左右に動いて削る力を強める

　急斜面ほどスピードが出てしまうのは、当たり前のこと。そのため、コントロールを重視する場合には、中斜面以上に雪面を削る必要がある。しかし体は谷側へどんどん落下するため、これに抗わなければならない。それが切り換え時の左右への大きな動きになる。

　①ターン後半にスキーを回し込む、②トップの向きをなるべく変えず、左右へ移動してエッジを切り換える、③切り換えた瞬間から雪面を削る、という動きを心がけたい。そうすればコントロールがしやすくなる。

セルフレッスン・1 難易度 ★★★

やり方
シュテムターンで何度か
スキーを開き出し、斜面
を削る感覚を鮮明にする

斜面
中斜面

時間
2〜3本程度

得られる効果
雪面を削る感覚を鮮明に
することで、急斜面で重
要な動作を明確にする。

セルフレッスン・2 難易度 ★★★

やり方
急斜面をシュテムターンで
滑り、前半から雪を削る

斜面
急斜面

時間
2〜3本程度

得られる効果
左右への大きな動きやス
キーの回し込む感覚をつ
かむ。

セルフ CHECK!

❶ 左右に大きく移動する
❷ 切り換え直後から雪面を削る
❸ 一定のスピードで滑る

ここに注目

☐ フォールライン方向に上体を落と
し過ぎない
☐ 後半にしっかりとスキーを回し込
む
☐ 視線や胸を向ける方向を確認

99

無理にひねりすぎると、腰が外れたり、ポジションの乱れにつながる

NG

落下をせずに体をひねると、体が遅れたり、次のターンに入りづらくなる

POINT 1

落下を止めない

スキーが滑り続けるのに対して、体はその場所に居続けようとすると、スキーだけが落下してしまう。するとスキー操作がまったくできなくなるため、常にスキーと一緒に落下をしたい。

強すぎるブレーキ要素は弊害になる

スピードオーバーになると、スキーを真横に向けてブレーキをかけてしまうのは、心理的にも仕方のないことだ。しかしスキーを真横に向けてしまうと切り換えが難しくなり、強引な動きになってしまう。そのため、スピードオーバーになる前に、対策を講じたい。

それがスキーについていく動きになる。つまり切り換えからターンの後半まで、スキーと一緒に移動していくこと。この動きができるとスキーに置いていかれることが減り、しっかりと雪面を削り続けられる。

セルフレッスン・1 難易度 ★★☆

(やり方)
ターン外側の手で進行方向を指し続ける。

(斜面)
中〜急斜面

(時間)
3本程度

(得られる効果)
体がスキーについていきやすく、スキーと一緒に移動しながら落下ができるようになる。

セルフレッスン・2 難易度 ★★☆

(やり方)
落下を意識したショートターン。

(斜面)
急斜面

(時間)
3本程度

(得られる効果)
スキーと一緒に落下ができるようになる。その結果、強引な操作をする必要がなくなる。

セルフ CHECK!

❶一気にスキーをひねらない
❷落下を止めない
❸できるだけリズムを一定に保つ

ここに注目

☐スキーを一緒に体が移動していく
☐体の向きがターンと共に動いていく
☐一定のリズムで滑り続ける

動画をチェック!

不整地を滑らかに滑る

ロングターンで滑る

両足でしっかりと雪面を捉え、
足を上下して衝撃や雪質の変
化に対処しながら滑る

バランスを保ち、スピードをコントロールする

　不整地が滑りにくい理由には、①バランスを崩しやすい、②雪からの抵抗が一定でないため、動きづらい、③切り換えが難しい、などがある。

　特にバランスを保つことが難しいため、ミスしてもリカバリーを連続することが重要だ。常に雪面とのやり取りを忘れないようにしたい。

　そのためには、バランスを保持しながら適切なタイミングでスキーを動かすこと。そうすることで、不安定な雪質でも、安定して滑れるようになる。

ショートターンで滑る

頭の高さをなるべく変えずに足を伸ばして荷重をしたり、雪面からの返りを受け止めながら滑る

よくある失敗その1 すぐにジャンプする

動画をチェック！

視線が上下に動き、バランスが崩れやすい動き

NG

ジャンプ動作を使うことで、
バランスが崩れやすくなる

POINT 1

雪面とのコンタクトを維持する

ジャンプをする弊害は、雪面とのコンタクトがなくなってしまうこと。安定して滑るためには、なるべく雪面とのコンタクトを長く保ちたい。ただしリカバリーとして、ジャンプをしながら一気に切り換えるという使い方をすることもある。

なるべく安定した状態で滑る

ただでさえバランスが崩れやすいシチュエーションで、自らさらにバランスを崩してしまう動きがジャンプ動作になる。当然、安定して滑り続けることは難しくなる。

不整地では極力バランスが崩れにくい姿勢を保ち、足でのスキー操作を中心にする

ことが大切になる。コブでの頭の高さを変えない滑りの応用編だ。

なお上級者がジャンプしているように見えるのは、雪面から押し返される力によって浮き上がっているに過ぎない。自分から跳んでいるのではないことを理解しよう。

セルフレッスン・1　　　　　　難易度 ★★★

やり方
頭の高さを変えずに2回、
エッジングをする。

斜面
中斜面の不整地

時間
2〜3本程度

得られる効果
頭の高さを変えずに雪面
を捉える動きを覚える。

セルフレッスン・2　　　　　　難易度 ★★★

やり方
頭の高さを変えずに長い時
間、エッジングをして滑る。

斜面
中斜面の不整地

時間
2〜3本程度

得られる効果
雪面とのコンタクトを保
ったまま、スキーを切り
換えられる。

セルフ CHECK!

❶ バランスのよい姿勢を意識する
❷ バランスとリズムを保って滑る
❸ 頭の高さをなるべく変えない

ここに注目

□ 常に雪面とのコンタクトを保って
　滑る
□ 足を中心に、一定のリズムで動く
□ 長い時間、雪面とコンタクトをし
　ていく

動画をチェック！

ターンごとに全力を使うと、リズムがバラバラになり、安定して滑れない

NG

カんだ状態でターンをすると、
一定のリズムが作れない

一定のリズムが滑らかな滑りを生む

不整地では体が力みやすい。力んでしまうと、スキーと一緒に落下をしたり、長く雪面を捉えたり、スムーズに切り換えたり、という動きができなくなってしまう。すると1ターンごとに全力を使い、リズムがバラバラになってしまう。

滑らかな滑りにはリズムが必要不可欠だ。一定のリズムを作り出すためには、ストックを突くタイミングを合わせたり、スキーの動きと呼吸を連動させるとよい。また上級者になれば、足を伸ばしたり、雪面を削る動きでリズムを作りたい。

セルフレッスン・1　難易度 ★★★

やり方
ロングターンで頭の高さを変えずに、ゆっくりと足を伸ばす。

斜面
中〜急斜面

時間
2〜3本

得られる効果
足を伸ばすリズムを一定にすることで、自分に合ったリズムを覚える。

セルフレッスン・2　難易度 ★★★

やり方
自分の滑りやすいリズムに合ったターン弧で、斜面を滑りきる。

斜面
急斜面不整地

時間
2〜3本

得られる効果
リズムを基準にした実戦的な滑り方を覚える。

セルフ CHECK!

❶ 力まない姿勢で滑る
❷ 一定のリズムを保つ
❸ 等速で滑る

ここに注目

☐ リズムを保つことで滑りきる
☐ 足やストックワーク、呼吸でリズムを作る
☐ 自分に合ったリズムとターン弧で滑る

　Ski-est代表の佐藤さんより、本書の監修のお話をいただきました。
そして本書の制作にあたり、技術についてのディスカッションを重ねました。
　編集をしていく中では、共感できる部分や自分自身が勉強になる部分が
多く、この機会を与えていただいたことに本当に感謝しております。
　スキーは奥が深いスポーツです。そのため我々も、スクールに通ってく
れる方々も、「もっと上手くなりたい」という情熱を持ち続けるのでしょ
う。そして、できなかったことができたときには、何事にも代えがたい喜
びや達成感を私たちに与えてくれます。
　今の私はスキーを指導する立場にあります。そのため「どうしたらもっ
とわかりやすく伝えられるのだろうか？」ということを、日々考え続けて
います。目指すところは、一人でも多くの方にスキーの楽しさや面白さ、
素晴らしさを伝えていくこと。本書もその想いから生まれた1冊です。
　皆さんが行き詰ったときには、ぜひまたページを開いてみてください。

藤本 剛士

　「スキーに正解はない。もっと自由でいい」。本書の監修をしていただいた藤本剛士さんの言葉です。長期にわたってSIAのデモンストレーターを務めており、スキーを追求した人の1人から出た言葉には、非常に大きな説得力があります。10人十色といいますが、人によって得意な動きや特徴が異なります。それを1つのやり方に当てはめることは、決して正解ではないでしょう。本書で紹介した内容は、1つのスキーテクニックの道しるべです。そして正解ではなく、自分が思った通り自由に滑るためのヒントです。形や細かい動きにこだわりすぎずに、みなさん自身のスキーを自由に、追求してください。

Ski-est代表
佐藤 紀隆

監修

公益社団法人 日本プロスキー教師協会（SIA）
デモンストレーター

<small>ふじもと つよし</small>
藤本 剛士

1978年生まれ。SIAデモンストレーター、サニープ
ロスキースクール所属。ICI石井スポーツプロスタッ
フとして志賀高原をベースにレーシングから学生基
礎、シニアまで幅広くコーチング活動。オフシーズ
ンはプラスノーやインライン、水上スキーキャンプ
を実施。11月にはヨーロッパを中心に初滑りキャン
プを行うなど、通年を通してスキー活動をしている。
.line sports 代表。

モ デ ル

三上 信二　　廻谷 和永　　吉田 光里　　柿内 稔　　大橋 拓未

ALL動画

こちらのQRから、各ページ
で紹介したすべての動画を続
けてご覧いただけます。

動画URL
hllps://youtu.be/JcaNrlGksSM

Ski-est（スキーエスト）

志賀高原一の瀬、Mt乗鞍、白馬さのさかで合宿制のスキースクールを運営する（白馬さのさかは日本テレマークスキー協会（TAJ）公認のテレマークスクール）。また、オーストリアとの結びつきも強く、毎年デモンストレーターを招いたスキーキャンプを開催している。スキー学校のモットーは「世界中の雪質を滑れる技術を、自分のものに」。初心者のレッスンでも、積極的にコブ斜面や新雪を使い、形だけに捉われないスキー指導を行っている。スキー教室だけでなく、出版編集プロダクションも運営しており、年間20冊程度の編集も手掛けている。

Ski-est事務局　〒160-0022　東京都新宿区新宿1-35-10　カテリーナ新宿御苑505
電話：03-5919-0145　E-mail：ski@ski-est.com　Web：www.ski-est.com

志賀高原スキー場

　上信越高原国立公園の中心部を占め、標高1,200～2,300mの間に19のスキー場がひしめいている。1998年長野オリンピックの会場ともなった、日本最大のスキーエリア。リフトとバスを使ったスキー場廻りは、1日中滑ってもとても滑りきれないほど。雪質はもちろん極上のパウダー。ゴールデンウィークまで続く長いシーズンもウリのひとつ。

シャレー志賀

　ダイヤモンドゲレンデまで1分、一の瀬ファミリーゲレンデまで数分と、抜群の立地条件。こだわりの旬な食材を使った料理や、ここでしか飲めない志賀高原ビールの生もオススメ。オーストリアへスキー留学をした経験を持つ社長とのスキー談義も魅力的。

くつろぎの高原ホテル シャレー志賀
〒381-0401
長野県下高井郡山ノ内町志賀高原一の瀬
TEL 0269-34-2235
http://www.shigakogen.jp/chalet/

STAFF

●監修
　藤本 剛士

●編集
　Ski-est (www.ski-est.com)

●構成、執筆
　佐藤 紀隆
　稲見 紫織

●撮影モデル
　三上 信二／廻谷 和永／吉田 光里／柿内　稔／大橋 拓未／高橋 裕之／宇佐見 竜基

●スチール撮影
　眞嶋 和隆

●動画制作・映像撮影
　福田 茂樹

●デザイン
　田中図案室

●制作
　株式会社 多聞堂

●協力
　志賀高原スキー場
　シャレー志賀

　㈱ジャパーナ
　㈱ウベックススポーツジャパン

スキー　上達セルフレッスン
動画で練習法とコツをマスター

2021 年 10 月 30 日　　第 1 版・第 1 刷発行

監修者　藤本　剛士　（ふじもと　つよし）
発行者　株式会社メイツユニバーサルコンテンツ
　　　　代表者　三渡　治
　　　　〒 102-0093 東京都千代田区平河町一丁目 1-8
印　刷　株式会社厚徳社

ご意見・ご感想はホームページから承っております。
ウェブサイト　https://www.mates-publishing.co.jp/

編集長:堀明研斗　企画担当:堀明研斗

※本書は2016年発行の『DVDで完全マスター！ スキー　上達セルフレッスン』の
　動画コンテンツの視聴方法と書名を変更して新たに発行したものです。